Les crétins en marche

CM Kornbluth

Writat

Cette édition parue en 2024

ISBN : 9789359941639

Publié par
Writat
email : info@writat.com

LES MORONS EN MARCHE
Par CM Kornblut

**Au pays des aveugles, le borgne
est bien sûr roi. Mais que diriez-vous d'un homme d'affaires
intelligent, dans une civilisation de purs imbéciles à 100 % ?**

Certaines choses n'avaient pas changé. Un tour de potier était toujours un tour de potier et l'argile était toujours de l'argile. Efim Hawkins avait construit son atelier près de Goose Lake, qui possédait une étroite bande de bonne argile grasse et une étroite plage de sable blanc. Il a allumé trois fours à nez de bouteille avec du charbon de saule provenant du bois. Le bois était également utile pour de longues promenades pendant que les fours refroidissaient ; s'il se laissait garder en vue, il les ouvrait prématurément, impatient de voir comment une nouvelle forme ou une nouvelle glaçure était apparue à travers le feu, et... *ping !* - la nouvelle forme ou la nouvelle glaçure ne servirait à rien d'autre qu'au tas d'éclats de ses réservoirs de barbotine.

Une conférence d'affaires battait son plein dans son magasin, un modeste cube de brique au toit de tuiles, alors que la « fusée » Chicago-Los Angeles grondait au-dessus de lui – des jets très bruyants, très en flèche, très enflammés, en forme d'avions élégamment rapides. ressemblant à un barracuda en vol.

L'acheteur de Marshall Fields retournait une carafe d'un litre au vernis noir, hochant la tête d'approbation de sa belle et massive tête. "C'est vraiment joli", a-t-il déclaré à Hawkins et à sa propre secrétaire, Gomez-Laplace. "Cela contient beaucoup de ce que vous appelez des principes esthétiques réels . Ouais, c'est vraiment joli."

"Combien?" demanda le secrétaire au potier.

"Sept-cinquante chacun en douzaines de lots", a déclaré Hawkins. "J'en ai récolté quinze douzaines le mois dernier."

"Ils sont vraiment esthétiques ", a répété l'acheteur de Fields. "Je vais tous les prendre."

"Je ne pense pas que nous puissions faire ça, docteur", a déclaré le secrétaire. "Ils nous coûteraient 1 350 dollars. Cela ne laisserait que 532 dollars dans notre budget trimestriel. Et nous devons encore nous rendre à l'est de Liverpool pour acheter des services de table bon marché."

« Des plats pour le dîner ? demanda l'acheteur, son grand visage plein d'émerveillement.

" Des sets de table. Le département n'en a plus depuis deux mois maintenant. M. Garvy - Seabright s'est montré assez méchant à ce sujet hier. Vous vous souvenez ? "

" Garvy -Seabright, ce bluenose à tête charnue ", dit l'acheteur avec mépris. "Il ne connaît rien à l'esthétique . Pourquoi ne me laisse -t-il pas diriger mon propre département ?" Son regard tomba sur une copie égarée de *Whambozambo Comix* et il s'assit avec elle. De temps en temps, un rire profond ou un grognement de surprise lui échappait alors qu'il tournait les pages.

Sans interruption, le potier et le secrétaire de l'acheteur ont rapidement conclu un accord pour deux douzaines de carafes d'un litre. "J'aimerais que nous puissions en prendre davantage", a déclaré le secrétaire, "mais vous avez entendu ce que je lui ai dit. Nous avons dû refuser des clients pour de la vaisselle ordinaire parce qu'il a dépensé le budget du dernier trimestre sur des tirelires mexicaines. Un importateur tout aussi enthousiaste a coincé lui avec. Le cinquième étage en est rempli.

"Je parie qu'ils ont l'air très esthétiques ."

"Ils sont peints de cactus violets."

Le potier frémit et caressa le vernis de la carafe à échantillons.

L'acheteur leva les yeux et gronda : " Vous n'êtes pas encore des idiots à cause du yakkin ? A quoi sert un secrétaire s'il ne me décharge pas du fardeau des *détails* , hein ? "

"Nous avons terminé, docteur. Êtes-vous prêt à partir ?"

L'acheteur a grogné d'un air maussade, a laissé tomber *Whambozambo Comix* sur le sol et a ouvert la voie hors du bâtiment et sur la route en rondins de velours côtelé jusqu'à l'autoroute. Sa voiture attendait sur le béton. Elle était, comme toutes les voitures contemporaines, trop basse pour franchir les rondins. Il descendit dans la voiture et démarra le moteur avec un bruit et un rugissement formidables.

"Gomez-Laplace", cria le potier sous couvert du bruit, "est-ce qu'il est arrivé quelque chose du programme de radiation sur lequel ils travaillaient la dernière fois que j'étais de service au Pôle ?"

"La même vieille erreur", dit sombrement le secrétaire. "Cela nous a arrêtés en matière de mutation, cela nous a arrêtés en matière d'abattage, cela nous a arrêtés en matière de ségrégation, et maintenant cela nous a arrêtés en matière d'hypnose."

"Eh bien, je dois retourner au travail dans neuf jours. Il est temps de procéder à un autre tir maintenant. J'ai un nouveau lustre à essayer...."

"Tu vas me manquer. Je serai en "vacances" et je dirigerai la salle de dessin de la New Century Engineering Corporation à Denver. Ils vont construire un immeuble de bureaux de deux cents étages, et naturellement il faut que quelqu'un soit disponible. ".

"Naturellement", dit Hawkins avec un sourire aigre.

Il y eut une douce explosion perçante lorsque l'acheteur s'appuya sur le bouton du klaxon. De plus, un jet d'un mètre de haut ressemblant à une flamme jaillit du bouchon du radiateur de la voiture ; la centrale électrique de la voiture était une turbine à gaz et n'avait pas de radiateur.

"J'arrive, docteur", dit le secrétaire avec découragement. Il est descendu dans la voiture et celle-ci s'est envolée avec beaucoup de flammes et de bruit.

Le potier, déprimé, remonta la route du velours côtelé et contempla ses fours en train de refroidir. Le bruissement du vent dans les branches masquait le craquement et le murmure de la brique réfractaire qui rétrécissait. Hawkins s'interrogeait sur le four numéro deux : un feu de réduction sur un chargement de tasses en verre lustré. Le craquelage de l'argile avait-il exclu l'air ? S'agissait-il d'un incendie réellement enfumé ? Est-ce que cela ferait du mal s'il se contentait d'en prendre un de près… ?

Le bon sens prit Hawkins par la peau du cou et le tira vers la remise à outils. Il sort sa pioche et se lance résolument dans une escapade de prospection vers un champ bosselé qui pourrait donner quelques oxydes. Il manquait particulièrement de cuivres.

La longue marche l'a laissé transpirer abondamment, avec son désir de jeter un coup d'œil dans le four tranquillement dans sa poitrine. Il balança sa pioche presque au hasard dans l'un des monticules ; il résonnait sur une pierre qu'il avait fouillée. Une inscription en grande partie effacée disait :

Le potier jura doucement. Il avait espéré que le champ deviendrait un cimetière, de préférence un cimetière autrefois à la mode, rempli de cercueils en bronze autrefois massifs moulés dans des oxydes d'étain et de cuivre.

Eh bien, bon sang, peut-être qu'il y en avait dans le coin de toute façon.

Il se dirigea nonchalamment vers le deuxième plus grand monticule et le trancha avec sa pioche. Il y avait une pierre à tailler et à renverser dans une tranchée, et le potier était alors très heureux d'y avoir tenu bon. Ses narines étaient remplies d'une odeur amère et la saleté était teintée du bleu excitant des sels de cuivre. Le choix a fait *un bruit* !

Hawkins, soufflant, souleva une plaque en acier inoxydable qui était assez tachée et qui portait également des lettres incisées. Il semblait s'être détaché du bronze pourri ; il y avait des rivets au dos qui faisaient ressortir des flocons de patine verte. Le potier essuya la saleté superficielle avec sa manche, la tourna pour capter obliquement la lumière du soleil et lut :

"HONNÊTE JOHN BARLOW

« Honest John », célèbre dans les annales universitaires, représente un défi auquel la science médicale n'a pas encore répondu : la résurrection d'un être humain accidentellement plongé dans un état d'animation suspendue.

En 1988, M. Barlow, l'un des principaux courtiers immobiliers d'Evanston, a rendu visite à son dentiste pour le traitement d'une dent de sagesse incluse. Son dentiste a demandé et obtenu l'autorisation d'utiliser l'anesthésique expérimental Cycloparadiméthanol-B-7, développé à l'Université.

Après administration de l'anesthésique, le dentiste a eu recours à sa fraise. Par un étrange hasard, un court-circuit dans sa machine a délivré au patient un courant de 220 volts sur 60 cycles. (Dans une poursuite en dommages et intérêts intentée par Mme Barlow contre le dentiste, l'université et les fabricants de la perceuse, un jury a donné raison aux accusés.) M. Barlow ne s'est jamais levé du fauteuil du dentiste et a été présumé être mort d'un empoisonnement. électrocution ou les deux.

Les pompes funèbres qui le préparaient à l'embaumement découvrirent cependant que leur sujet n'était certainement pas mort, même s'il n'était certainement pas vivant. L'Université a été informée et une série de tests exhaustifs ont été commencés, y compris des tentatives de reproduire l'état de transe sur des volontaires. Après une mauvaise série de sept cas qui s'est soldée par une issue fatale, les tentatives ont été abandonnées.

Honest John a longtemps été exposé au musée de l'université et a animé de nombreux matchs de football en tant que mascotte des Blue Crushers de l'université. Les limites du goût ont cependant été dépassées lorsqu'un engagement envers Sigma Delta Chi a été ordonné en 2003 de « kidnapper » Honest John de sa vitrine de musée en verre mal gardée et de l'introduire dans la salle de douche du Rachel Swanson Memorial Girls' Gymnasium.

Le 22 mai 2003, le conseil d'administration de l'université a émis l'ordre suivant : « Par vote unanime, il est ordonné que la dépouille de l'honnête John Barlow soit retirée du musée de l'université et transportée aux laboratoires biologiques commémoratifs du lieutenant James Scott III de l'université et ils seront solidement enfermés dans un coffre-fort spécialement préparé. Il est en outre ordonné que toutes les mesures possibles pour la conservation de ces restes soient prises par l'administration du Laboratoire et que l'accès à ces restes soit refusé à toutes les personnes, à l'exception des chercheurs qualifiés autorisés par écrit par le Conseil. " Le Conseil prend cette mesure à contrecœur, compte tenu des récents avis et photographies parus dans la presse nationale qui, pour le moins, ne font que peu de crédit à l'Université. "

C'était loin de son domaine, mais Hawkins comprenait ce qui s'était passé : une erreur précoce et accidentelle sur les bases de l' anesthésie de choc Levantman , qui avait depuis été remplacée par d'autres méthodes. Pour sortir les sujets du choc Levantman , vous leur faites injecter une simple solution saline dans le nerf trijumeau. Intéressant. Et maintenant à propos de ce bronze...

Il enfonça la pioche dans les sels verts pourris, ne s'attendant à aucune résistance et se fractura presque le poignet. *Quelque chose* là-bas était *solide* . Il commença à éliminer les oxydes.

Une demi-heure de travail l'a amené au bronze phosphoreux, une énorme coulée de métal presque incorruptible. Elle s'était affaiblie structurellement au fil des siècles ; il pouvait placer la pointe de sa pioche sous un bossage corrodé et arracher de grandes stries grinçantes et grognantes de l'étoffe.

Hawkins aurait aimé avoir un archéologue avec lui, mais n'a pas rêvé de retourner dans son magasin et d'en appeler un pour prendre en charge la découverte. C'était un homme polyvalent : par choix et pendant son temps libre, artiste de l'argile et de l'émail ; par nécessité, un ingénieur en automobile, électronique et atomique qui pourrait également mener un projet en matière de contrôle de la circulation, de psychologie individuelle et de groupe, d'architecture ou de conception d'outils. Il n'appelait pas un spécialiste à chaque fois que quelque chose qui sortait de son cadre lui arrivait ; il y en avait si peu avec tant de choses à faire....

Il fouilla autour de sa découverte et découvrit qu'il s'agissait d'une grande masse de bronze en forme de brique avec un son creux et excitant. Une longue bande de métal en train de moisir de l'une des longues faces verticales s'est détachée, exposant de la rouille rouge qui s'est *envolée* et a été aspirée à l'intérieur de la masse.

Il avait été désaéré, pensa Hawkins, et il devait y avoir une enveloppe intérieure de verre qui s'était cristallisée au fil des siècles et s'était doucement effondrée au premier bruit de sa pioche. Il ne savait pas ce que le vide ferait à un sujet en état de choc levantmanien , mais il avait de l'espoir, et il ne comprenait pas non plus vraiment ce qu'était un agent immobilier, mais cela pourrait avoir quelque chose à voir avec la poterie. Et *tout* peut avoir un rapport avec le sujet numéro un.

Il jeta sa pioche hors de la tranchée, en descendit et partit au petit trot vers son magasin. En fouillant un peu, j'ai trouvé une hypo et il y avait un récipient en plastique rempli de sel dans la cuisine.

De retour à sa fouille, il a ébréché pendant encore une demi-heure pour exposer la jonction du couvercle et du corps. Les charnières étaient désespérées ; il les a écrasés.

Hawkins a étendu le manche télescopique de la pioche pour obtenir le meilleur effet de levier, a placé sa pointe dans une fosse profonde, a placé son point d'appui intégré et a soulevé. Cinq autres coups et il put voir, à l'intérieur de la voûte, ce qui ressemblait à une statue de marbre poussiéreuse. Dix de plus et il put voir qu'il s'agissait du corps nu de l'honnête John Barlow, agent immobilier d'Evanston, non corrompu par le temps.

Le potier trouva le sommet du nerf trijumeau avec la pointe de son aiguille et lui en donna 60 cc.

Au bout d'une heure, la poitrine de Barlow commença à gonfler.

Une heure plus tard, il râla : « Est-ce que ça a marché ?

" *L'a fait* !" murmura Hawkins.

Barlow ouvrit les yeux et remua, baissa les yeux, tourna les mains devant ses yeux...

"Je vais poursuivre!" il a crié. "Mes vêtements ! Mes ongles !" Un horrible soupçon apparut sur son visage et il plaqua ses mains sur son cuir chevelu glabre. "Mes cheveux!" il a pleuré. "Je vais vous poursuivre en justice pour chaque centime que vous avez ! Cette libération ne signifiera rien au tribunal – je n'ai pas renoncé à mes cheveux, mes vêtements et mes ongles !"

"Ils repousseront", a déclaré Hawkins avec désinvolture. " Et ton épiderme aussi . Ces parties de toi n'étaient pas vivantes, tu sais, donc elles n'ont pas été préservées comme le reste d'entre toi. J'ai bien peur que les vêtements aient disparu, cependant."

« Qu'est-ce que c'est : l'hôpital universitaire ? » demanda Barlow. "Je veux un téléphone. Non, ton téléphone. Dites à ma femme que je vais bien et dites à Sam Immerman – c'est mon avocat – de venir ici tout de suite. Greenleaf 7-4022. Aïe!" Il avait essayé de se redresser, et une partie de sa peau rose frottait contre la surface intérieure du cercueil, qui était poudrée par l'ancien verre cristallisé. "Qu'est-ce que vous avez fait, les gars, m'avez fait bouillir vivant ? Oh, vous allez payer pour ça !"

"Tout va bien", a déclaré Hawkins, souhaitant désormais disposer d'un ouvrage de référence pour clarifier plusieurs termes obscurs. "Votre épiderme va commencer à se développer immédiatement. Vous n'êtes pas à l'hôpital. Regardez ici."

Il tendit à Barlow la plaque en acier inoxydable qui portait l'étiquette du cercueil. Après un regard suspicieux, l'homme se mit à lire. Terminant, il posa soigneusement l'assiette sur le bord de la voûte et resta silencieux pendant un moment.

"Pauvre Verna," dit-il enfin. "Cela ne dit pas si elle a dû payer les frais de justice. Savez-vous par hasard…"

"Non," dit le potier. "Tout ce que je sais, c'est ce qu'il y avait dans l'assiette et comment vous réanimer. Le dentiste vous a accidentellement administré une dose de ce que nous appelons l'anesthésie de choc de Levantman . Nous ne l'avons pas utilisée depuis des siècles ; elle était puissante, mais trop dangereuse."

"Des siècles..." réfléchit l'homme. "Des siècles... Je parie que Sam lui a arraché les dents. Pauvre Verna. C'était il y a combien de temps ? En quelle année sommes-nous ?"

Hawkins haussa les épaules. "Nous l'appelons 7-B-936. Cela ne vous aide pas. Il faut beaucoup de temps pour que ces métaux s'oxydent."

"Comme ce film", marmonna Barlow. "Qui l'aurait cru ? Pauvre Verna !" Il pleurait et reniflait, rappelant puissamment à Hawkins qu'il avait été retrouvé sous un rocher plat.

Presque en colère, le potier demanda : « Combien d'enfants aviez-vous ?

"Pas encore", renifla Barlow. "Ma première femme n'en voulait pas. Mais Verna en voulait un — en voulait un — mais nous allons attendre jusqu'à… nous *allions* attendre jusqu'à…"

"Bien sûr," dit le potier, ressentant un désir sauvage de le gronder, de le jeter en enfer et de partir travailler. Mais il l'a étouffé. Il fallait penser au problème ; il y avait toujours un problème auquel il fallait penser, et ce pauvre bavard pourrait inopinément fournir un indice. Hawkins devrait le laisser tomber.

"Viens," dit Hawkins. "Mon temps est compté."

Barlow leva les yeux, indigné. "Comment peux-tu être si insensible ? Je suis un être humain comme—"

La « fusée » Los Angeles-Chicago a tonné au-dessus de nous et Barlow s'est interrompu au milieu de la plainte. "Beau!" souffla-t-il en le suivant des yeux. "Beau!"

Il sortit du coffre-fort, trop intéressé pour être peiné par la rugosité de sa peau infantile. "Après tout," dit-il vivement, "cela devrait avoir son côté ensoleillé. Je n'ai jamais été très attiré par la lecture, mais celle-ci ressemble à une de ces histoires. Et je devrais gagner un peu d'argent avec ça, n'est-ce pas ? " Il lança à Hawkins un regard perspicace.

"Tu veux de l'argent?" demanda le potier. "Ici." Il remit une poignée de monnaie et de factures. "Tu ferais mieux de mettre mes chaussures. Cela fera environ un quart de mile. Oh, et tu es… euh, modeste ? — oui, c'était le mot. Ici." Hawkins lui a donné son pantalon, mais Barlow comptait l'argent avec enthousiasme.

« Quatre-vingt-cinq, quatre-vingt-six — et c'est aussi des dollars ! Je pensais que ce serait des crédits ou peu importe comment ils les appellent. « E

Pluribus Unum » et « Liberty » – juste des visages différents. Dites, y a-t-il un piège à cela ? " S'agit-il de vrais, authentiques et honnêtes dollars de vingt-deux cents comme ceux que nous avions ou simplement du papier peint ? "

"Ils vont très bien, je vous l'assure", dit le potier. "J'aurais aimé que tu viennes. Je suis pressé."

<hr>

L'homme babillait alors qu'ils se dirigeaient d'un pas lourd vers le magasin. "Où allons-nous : le Conseil des Scientifiques, le Coordinateur Mondial ou quelque chose comme ça ?"

"Qui ? Oh, non. Nous les appelons « Président » et « Congrès ». Non, ça ne servirait à rien. Je t'emmène juste voir des gens.

"Je devrais en faire beaucoup. *Beaucoup !* Je pourrais écrire des livres. Demandez à un jeune homme intelligent de le mettre en mots pour moi et je parie que je pourrais produire un best-seller. Quelle est la configuration pour des choses comme ça ?"

"C'est à peu près comme ça. Des jeunes intelligents. Mais il n'y a plus de best-sellers. On ne lit pas beaucoup de nos jours. Nous trouverons quelque chose d'aussi rentable à faire pour vous."

De retour au magasin, Hawkins a donné à Barlow un costume, l'a déposé dans la salle d'attente et a appelé Central à Chicago. "Emmenez-le", a-t-il plaidé. "J'ai le temps de tirer encore un coup et il bavarde et bavarde. Je ne lui ai rien dit. Peut-être devrions-nous simplement le relâcher et le laisser trouver son propre niveau, mais il y a une chance—"

"Le problème", a reconnu Central. "Oui, il y a une chance."

Le potier a ravi Barlow en lui préparant une tasse de café avec un cube qui non seulement se dissolvait dans l'eau froide mais chauffait l'eau jusqu'au point d'ébullition. Pour tuer le temps, Hawkins discuta de la « fusée » que Barlow avait admirée et dut se retenir ; il avait presque dit à l'agent immobilier quelle était réellement sa vitesse maximale – presque, en fait, révélé qu'il ne s'agissait pas d'une fusée.

Il regrettait également d'avoir remis si négligemment à Barlow quelques centaines de dollars. L'homme semblait obsédé par la peur qu'ils ne valent rien puisque Hawkins refusait de prendre une note, une reconnaissance de dette ou même une promesse définitive de remboursement. Mais Hawkins ne pouvait pas entrer dans les détails et était très heureux lorsqu'un étranger arrivait de Central.

"Tinny-Peete, d'Algésiras," lui dit rapidement l'étranger alors qu'ils se rencontraient tous les deux à la porte. "Psychiste pour Poprob . Pola a signé un dépassement spécial de Barlow."

"Dieu merci", a déclaré Hawkins. "Barlow", dit-il à l'homme du passé, "voici Tinny-Peete. Il va prendre soin de toi et t'aider à gagner beaucoup d'argent."

Le psychiste resta prendre une tasse de café dont la préparation avait ravi Barlow, puis conduisit l'agent immobilier sur la route en velours côtelé jusqu'à sa voiture, laissant le potier spéculer sur la question de savoir s'il pourrait enfin faire fonctionner ses fours.

Hawkins, rejetant brusquement Barlow et le problème, releva joyeusement la fente autour de la porte du four numéro deux, l'ouvrant un peu. Un souffle de chaleur et le parfum enivrant et fumé du feu de réduction le ravirent. Il regarda et vit un coin d'une étagère rougeoyant d'un rouge cerise, obscurci par des zones noires vacillantes alors qu'il perdait de la chaleur par la porte ouverte. Il glissa une palette en bois carbonisé sous une tasse sur l'étagère et en sortit un échantillon, les poils du dos de sa main se frisant et brûlant. La tasse crépita et tinta et Hawkins soupira joyeusement.

Le lustre en résine de bismuth avait explosé à la perfection, un film obsédant de métal noir argenté avec d'étranges lumières bleuâtres lorsqu'il tournait devant les yeux, et le problème de la population semblait alors très loin à Hawkins.

Barlow et Tinny-Peete arrivèrent sur l'autoroute bétonnée où la voiture du psychiste était garée dans une baie de sécurité.

« Quel… un… *bateau* ! » haleta l'homme du passé.

"Bateau ? Non, c'est ma voiture."

Barlow l'examina avec admiration. Des lignes en flèche, des courbes composées profondément embouties, des kilogrammes de chrome. Il passa vainement ses mains sur la porte – ou était-ce la porte ? – dans une vaine recherche d'une poignée, et demanda respectueusement : « À quelle vitesse ça va ?

Le psychiste lui lança un regard attentif et dit lentement : « Deux cent cinquante. Cela se voit au compteur de vitesse.

"Wow ! Ma vieille Chevvy pourrait en atteindre cent d'un coup, mais vous êtes hors de ma classe, monsieur !"

Tinny-Peete parvint à ouvrir une porte immense et basse et Barlow descendit trois marches jusqu'à d'immenses coussins, pataugeant vers la droite. Il était trop fasciné pour prêter une attention sérieuse à son derme écorché. Le tableau de bord était un joli désert de cadrans, de prises, d'indicateurs, de lumières, d'échelles et de commutateurs.

Le psychiste descendit sur le siège du conducteur et fit quelque chose avec ses pieds. Le moteur démarra comme allumer un chalumeau gros comme un silo. Se vautrant dans les coussins, Barlow aperçut à travers un rétroviseur un énorme échappement rempli d'étincelles blanches brillantes.

"Aimez-vous?" cria le psychiste.

"C'est génial !" Barlow a répondu en criant. "C'est-"

Il s'est tu alors que la voiture quittait la baie pour s'engager sur la route avec un grand *voo-ooo-ooom* ! Un vent violent passa devant la tête de Barlow, même si les fenêtres semblaient fermées ; l'impression de vitesse était formidable. Il a localisé le compteur de vitesse sur le tableau de bord et l'a vu dépasser 90, 100, 150, 200.

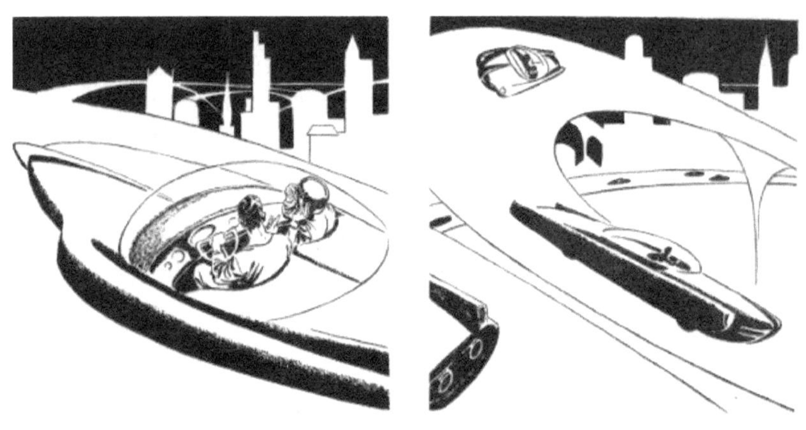

"Assez vite pour moi", a crié le psychiste, notant que le visage de Barlow s'est effondré en réponse. "Radio?"

Il passa au-dessus d'un objet étonnamment léger, comme un casque de football, sans fil, et désigna une rangée de boutons. Barlow enfila le casque, heureux que le rugissement de l'air se soit apaisé, et appuya sur un bouton-poussoir. Il s'est éclairé de manière satisfaisante et Barlow s'est installé encore plus loin pour un échantillon du goût ultra-moderne du meilleur des mondes en matière de divertissement ingénieux.

"PRENDEZ-LE ET COLLEZ-LE!" » une voix rugit à ses oreilles.

Il ôta le casque et lança au psychiste un regard blessé. Tinny-Peete sourit et tourna un cadran associé à la disposition des boutons-poussoirs. L'homme du passé a remis le casque et a constaté que la voix était redevenue normale
.

"Le show des shows ! Le super-show ! Le super-duper show ! Le quiz des quiz ! *Prenez-le et collez-le !*"

Il y avait des éclats de rire en arrière-plan.

"Ici, nous avons tous les concurrents prêts à partir. Vous savez comment nous procédons. Je donne à un concurrent une découpe en forme de triangle et ainsi de suite. Maintenant, nous avons ces planches ici, elles ont été découpées. -out place la même forme que les triangles et autres, sauf qu'ils sont tous de formes différentes, et le premier concurrent qui colle les découpes dans le tableau gagne.

"Maintenant, je vais innaview le premier concurrent. Ici, chérie. Quel est ton nom?"

"Nom ? Euh—"

" Hoddaya aime ça, les amis ? Elle ne se souvient pas de son nom ! Hah ? *Achèteriez-vous ça pour un quart ?*" La question était posée avec une signification archi significative, et le public criait, hurlait et sifflait son appréciation.

C'était ennuyeux d'écouter quand on ne connaissait pas les lignes de frappe et les lignes d'accroche. Barlow appuya sur un autre bouton, sa main libre étant prête à régler le volume.

"... le dernier en date de Washington. Il s'agit du sénateur Hull-Mendoza. Il attaque toujours le Bureau des pêches. Le syndicaliste de Californie du Nord dit qu'il a reçu des affidavits selon lesquels John Kingsley-Schultz est un bluenose depuis longtemps. Il n'a pas publié les affidavits , mais il dit qu'on dit que Kingsley-Schultz a été vu lors de réunions de Bluenose à l'Oregon State College et plus tard à l'Université de Floride. Kingsley-Schultz dit qu'il doit avouer qu'il a fait une spécialisation en lancer à la mouche à l'Oregon et qu'il a obtenu son doctorat en gibier. pêcher en Floride.

"Et voici une citation de Kingsley-Schultz : 'Hull-Mendoza ne sait pas de quoi il parle. Il devrait mourir." Sans guillemets. Hull-Mendoza dit qu'il ne publiera pas les affydavits pour vérifier ses sources. Il dit qu'ils ont été assermentés par trois anciens employés du Bureau qui a été licencié pour incompétence et incompatibilité par Kingsley. Schultz.

" Ailleurs, c'était la série habituelle d'accidents de la circulation. Un carambolage de voitures sur la route 66 à la sortie de Chicago a coûté la vie à douze personnes. La fusée matinale Chicago-Los Angeles s'est écrasée et a explosé dans la région de Mo-have... Mo- javvy ... quoi... Les 94 personnes à bord ont été tuées. Un enquêteur de l'Autorité aéronautique civile sur place a déclaré que le pilote faisait bourdonner des troupeaux de moutons et ne s'est pas retiré à temps.

"Hé ! En voici un chaud de New York ! Un remorqueur diesel s'est déchaîné dans le port alors que l'équipage était en dessous et s'est poussé dans la proue bâbord du paquebot Lucky-shury SS Placentia . Il est dit que le navire s'est rempli et a coulé, tuant les vies de plusieurs personnes. On estime le nombre de passagers et d'équipage à 180. Six plongeurs ont été envoyés pour étudier l'épave, mais ils sont morts eux aussi lorsque leurs combinaisons se sont révélées pleines de petits trous.

"Et voici un bulletin que je viens de recevoir de Denver. Il semble que..."

Barlow ôta le casque sans comprendre. "Il avait l'air si insensible", a-t-il crié au chauffeur. "J'écoutais un journal télévisé—"

Tinny-Peete secoua la tête et montra ses oreilles. Le rugissement de l'air était assourdissant. Barlow fronça les sourcils, perplexe , et regarda par la fenêtre.

Un panneau lumineux disait :

MOOGS !
L'ACHETEREZ-VOUS POUR UN TRIMESTRE ?

Il ne savait pas ce qu'étaient les Moogs ; l'illustration montrait une fille incroyablement proportionnée, nue à 99,9 pour cent, se tordant passionnément dans une animation en couleur.

Le jingle routier était toujours avec lui, mais avec une nouvelle fonctionnalité. Un radar ou quelque chose a repéré la voiture et a alerté les lignes du jingle. Chacun à son tour a couru le long d'une piste en bordure de route, même avec la voiture, afin que le message puisse être lu avant que la ligne suivante ne soit alertée.

S'IL Y A UNE FILLE
QUE VOUS VOULEZ OBTENIR UNE SUEUR NON
ROMANTIQUE "A*R*M*P*I*T*T*O"

Un autre travail animé, en deux panneaux, le familier "Avant et Après". Le premier a dit : « N'importe quel cigare ? et a été illustré par une tragédie domestique à deux personnes : une femme se bouchant le nez pendant que son mari grossier et au visage rouge soufflait une corde gluante. Le deuxième panneau brillait : « Ou une VUELTA ABAJO ? et a été illustré avec-

Barlow rougit et regarda ses pieds jusqu'à ce qu'ils aient dépassé le panneau.

"Je viens à Chicago !" brailla Tinny-Peete.

D'autres voitures arrivaient, toutes des bateaux de rêve.

En les observant, Barlow commença à se demander s'il savait ce qu'était exactement un kilomètre. Ils semblaient voyager si lentement, si vous ignoriez l'air rugissant derrière vos oreilles et ne vous laissiez pas tromper par les lignes rapides des bateaux de rêve. Il aurait juré qu'ils marchaient vraiment au pas à vingt-cinq ans, avec des poussées occasionnelles jusqu'à trente ans. Au fait, combien faisait un kilomètre ?

La ville se profilait devant nous, et elle était exactement ce qu'elle devait être : des gratte-ciel imposants, des rampes aériennes, des plates-formes d'atterrissage pour hélicoptères...

Il s'agrippa aux coussins. Ces deux hélicoptères. Ils allaient—ils allaient—ils—

Il n'a pas vu ce qui s'est passé parce que leurs trajectoires de collision apparentes les ont menés derrière un bâtiment géant.

Des explosions sonores hurlantes et douces les entourèrent alors qu'ils s'arrêtaient pour un feu rouge. "Qu'est ce qui se passe ici?" dit Barlow d'une voix aiguë et effrayée, car le temps de freinage était à peu près nul, il n'a pas été projeté contre le tableau de bord. "Qui se moque de qui ?"

"Pourquoi, qu'est-ce qu'il y a ?" » demanda le chauffeur.

Le feu est passé au vert et il a démarré le pick-up. Barlow se raidit lorsqu'il réalisa que le flux d'air dans ses oreilles avait commencé juste une brève et irréelle fraction de seconde avant que la voiture ne démarre réellement. Il attrapa la poignée de porte de son côté.

La ville s'est développée lentement : des bâtiments dispersés, des bâtiments plus denses, des bâtiments plus hauts et un feu rouge devant eux. La voiture s'est arrêtée en un temps de freinage nul, le courant d'air s'est coupé un instant après son arrêt, et Barlow était sorti de la voiture et courait frénétiquement sur un trottoir un instant après.

Ils vont me retrouver, pensa-t-il, haletant. *C'est une affaire de police secrète. Ils vous attraperont – des machines qui lisent dans les pensées, des yeux de télévision partout, qui ont peur que vous parliez de liberté et tout ça à leurs esclaves. Ils ne laissent personne les contrarier, comme cette histoire que j'ai lue un jour.*

Essoufflé, il ralentit sa marche et se félicita d'avoir eu le courage de ne pas se retourner. C'était ce qu'ils recherchaient toujours. En marchant, il n'était qu'un homme d'affaires parmi des centaines. Il serait en sécurité, il serait en sécurité...

Une main tomba d'un grand visage grossier et beau, rapproché du sien : " Wassamatta bumpinninna les gens aiment toi Je dois posséder un trottoir, un mineur , Slamya inna mousha bassar !" Ce n'était ni le potier fou, ni le conducteur fou.

"Excusez-moi", dit Barlow. "Qu'est-ce que vous avez dit?"

"Oh ouais?" » cria dangereusement l'étranger, et il attendit une réponse.

Barlow, avec le sentiment d'avoir été entraîné d'une manière ou d'une autre dans un accord complexe sur les titres de propriété, s'entendit répondre d'un ton belliqueux : « Ouais !

L'étranger lâcha son épaule et grogna : « Oh, ouais ?

"Ouais!" dit Barlow en remettant sa veste en forme.

" Aaah ! " » gronda l'étranger, avec plus de mépris et de dégoût que de férocité. Il a ajouté un courant d'obscénité à l'époque de Barlow, une directive standard mais physiologiquement impossible, et s'est pavané en haussant les épaules et en serrant les poings.

Barlow continuait son chemin en tremblant. De toute évidence, il l'avait assez bien géré. Il s'arrêta à un feu rouge tandis que les longs et bas bateaux de rêve rugissaient devant lui et que les piétons sur le trottoir qui l'accompagnaient se faufilaient à travers le flot de voitures. Les freins criaient, les ailes claquaient et se cabossaient, des cris rauques allaient et venaient entre les conducteurs et les marcheurs. Il bondit frénétiquement en arrière alors qu'une voiture faisait un écart sur un arc de trottoir pour en rater une autre.

Le signal est passé au vert, les voitures ont continué à avancer pendant environ trente secondes, puis se sont réduites à un coureur léger occasionnel. Barlow traversa prudemment et s'appuya contre un distributeur automatique, respirant à grands coups.

Ayez l'air naturel , se dit-il. *Faites quelque chose de normal. Achetez quelque chose à la machine.*

Il a sorti de la monnaie, a acheté un journal pour un sou, un mouchoir pour un quart et une barre chocolatée pour un autre quart.

La légère odeur de chocolat le rendit soudainement vorace. Il a griffé l'emballage vitreux imprimé "CRIGGLIES" en vain pendant quelques secondes, puis il s'est divisé proprement tout seul. Le bar fit trois bonnes bouchées, et il en acheta deux autres et les engloutit.

Assoiffé, il sortit de la machine une boisson gazeuse à l'orange dans un autre emballage vitreux pour un centime supplémentaire. Lorsqu'il l'a tâtonné, il s'est divisé proprement et s'est répandu sur ses genoux. Barlow a décidé qu'il était là depuis assez longtemps et a continué son chemin.

Les vitrines étaient… des vitrines. Les gens portaient et achetaient encore des vêtements, fumaient et achetaient du tabac, mangeaient et achetaient de la nourriture. Et ils allaient toujours au cinéma, vit-il avec une agréable surprise en passant puis retourna vers un endroit scintillant dont l'enseigne indiquait que c'était LE BIJOU.

L'endroit semblait présenter un quintuple long métrage, *Babies Are Terrible*, *Don't Have Children* et *The Canali Kid*.

C'était irrésistible; il a payé un dollar et est entré.

Il a capturé la fin de *The Canali Kid* dans une production tridimensionnelle, colorée et parfumée. Cela ressemblait à une saga interplanétaire se terminant par une scène de course-poursuite et une réconciliation entre un héros et une héroïne séparés. *Les bébés sont horribles* et *n'ont pas d'enfants* étaient des arguments fantastiques contre la parentalité – les dangers grotesquement exagérés d'un accouchement douloureusement graphique, d'enfants vicieux, de vieux parents battus et affamés par leur progéniture sadique. Le public, a noté Barlow avec étonnement, mangeait placidement des bonbons et ne montrait aucun signe particulier de répulsion.

Les *attractions à venir* le conduisirent dans le hall. Les fanfares étaient fracassantes, les couleurs flamboyantes aveuglantes et les parfums ajoutés à vous donner des maux d'estomac.

Lorsque ses yeux s'habituèrent à nouveau à l'éclairage modéré du hall, il se dirigea à tâtons vers un banc et ouvrit le journal qu'il avait acheté. Il s'est avéré que c'était *The Racing Sheet*, qui l'a affligé d'un immense sentiment de perte. L'index encadré familier dans le coin inférieur gauche de la première page montrait de manière presque insupportable que Churchill Downs et Empire City étaient toujours en activité…

Retenant ses larmes, il se tourna vers les représentations passées à Churchill. Ils n'utilisaient plus d'abréviations et, de ce fait, les pages étaient à une seule colonne au lieu de doubles. Mais c'était quand même la même chose – n'est-ce pas ?

Il plissa les yeux en voyant la première course, une première course de trois quarts de mille pour mille trois cents dollars. Incroyablement, le record était de deux minutes, dix et trois cinquièmes de seconde. N'importe quel scarabée de son époque aurait pu faire tomber les trois quarts en une heure quinze. C'était pareil pour les autres distances, bien pire pour les épreuves de route.

Qu'est-ce qui était arrivé à tout ça ?

Il étudia la forme d'une jument brune de cinq ans dans la seconde et ne parvint ni à en distinguer la tête ni à la queue. Elle avait gagné et perdu et placé et montré et perdu et placé sans rime ni raison. Elle ressemblait à une favorite pendant quelques courses, puis elle ressemblait à un mauvais cochon, puis elle ressemblait à une boueuse , mais la prochaine fois qu'il a plu, elle ne l'était pas, puis elle est restée et puis elle a été une encore un cochon. Dans un bon événement à cinq mille dollars d'allocations aussi !

Barlow regarda les autres entrées et il se rendit peu à peu compte qu'elles ressemblaient toutes à la jument brune de cinq ans. Pas un seul foutu cheval au courant n'avait la moindre trace de classe.

Quelqu'un s'est assis à côté de lui et a dit : « C'est l'histoire. »

Barlow se releva et vit que c'était Tinny-Peete, son chauffeur.

"J'avais des doutes avant de vous le dire ", dit le psychiste, "mais je vois que vous avez des soupçons croissants quant à la vérité. S'il vous plaît, ne vous énervez pas. Tout va bien, je vous le dis."

" Alors vous m'avez", a déclaré Barlow.

" *Je t'ai* eu?"

"Ne faites pas semblant. Je peux faire le lien entre deux et deux. Vous êtes la police secrète. Vous et le reste des aristocrates vivez dans le luxe de la sueur de ces esclaves opprimés. Vous avez peur de moi parce que vous devez garder eux ignorants. »

Il y eut un éclat de rire éclatant de la part du psychiste qui leur valut des regards vides de la part des autres clients du hall. Le rire n'avait pas l'air sinistre du tout.

"Sortons d'ici", dit Tinny-Peete, toujours en riant. "Vous ne pourriez pas vous tromper davantage." Il saisit le bras de Barlow et le conduisit dans la rue. "La vérité est que des millions de travailleurs vivent dans le luxe de la sueur d'une poignée d'aristocrates. Je mourrai probablement avant l'heure du surmenage à moins que..." Il lança à Barlow un regard spéculatif. "Vous pourrez peut-être nous aider."

"Je connais ce gag", ricana Barlow. "J'ai gagné de l'argent à mon époque et pour gagner de l'argent, vous devez avoir les gens de votre côté. Allez-y et tirez sur moi si vous voulez, mais vous n'allez pas me ridiculiser."

« Espèce de méchant petit ingrat ! » claqua le psychiste, avec un changement d'humeur kaléidoscopique. "Ce foutu gâchis est entièrement de votre faute et de la faute des gens comme vous ! Maintenant, venez et plus de vos bêtises."

Il a tiré Barlow dans le hall d'un immeuble de bureaux et dans un ascenseur qui, de manière déconcertante, a fait *un bruit* bruyant en montant. Les genoux de l'agent immobilier tremblaient lorsque le psychiste le poussa hors de l'ascenseur, dans un couloir et dans un bureau.

Un homme au visage de faucon se leva d'une simple chaise tandis que la porte se refermait derrière eux. Après avoir jeté un regard furieux à Barlow, il demanda au psychiste : « Est-ce que j'ai été appelé du pôle pour inspecter ceci… cela… ?

" Oublier mis à jour . J'ai sondé en profondeur etfind quasi-chance exhiber Poprobattackline ", dit le psychiste d'une manière apaisante.

"J'en doute," grogna l'homme au visage de faucon.

"Essayez", suggéra Tinny-Peete.

"Très bien. M. Barlow, je comprends que vous et votre regretté n'avez pas eu d'enfants."

"Et alors ?"

"Voilà. Vous avez été un imbécile aveugle et égoïste qui a toléré des conditions économiques et sociales qui pénalisaient la procréation par les personnes prudentes et prévoyantes. Vous avez fait de nous ce que nous sommes aujourd'hui, et je veux que vous sachiez que nous sommes loin d'être satisfaits. " Des fusées foutues ! Des automobiles foutues ! Des villes foutues avec des rampes aériennes ! "

"D'après ce que je peux voir", a déclaré Barlow, "vous parcourez les meilleures caractéristiques du temps. Êtes-vous fou ?"

"Les fusées ne sont pas des fusées. Ce sont des turboréacteurs — de bons turboréacteurs, mais la coque sophistiquée qui les entoure donne une mauvaise traînée. Les automobiles ont une vitesse de pointe de cent kilomètres par heure - un kilomètre est, si l'on veut. Je me souviens de ma paléolinguistique , trois cinquièmes de mile - et les compteurs de vitesse sont tous réglés en conséquence pour que les conducteurs pensent qu'ils roulent à 250. Les villes sont des conglomérats ridicules, chers, insalubres et inutiles de gens qui seraient inutiles. ils seraient mieux lotis et plus productifs s'ils étaient répartis dans les campagnes.

« Nous avons besoin de fusées, de compteurs de vitesse et de villes car, tandis que vous et vos semblables étiez prudents et prévoyants et n'aviez pas d'enfants, les travailleurs migrants, les habitants des bidonvilles et les fermiers avaient des enfants sans bouger et à courte vue – se reproduisant, se reproduisant. Mon Dieu, comment ils se sont reproduits ! »

"Attendez une minute", objecta Barlow. "Il y avait beaucoup de gens dans notre groupe qui avaient deux ou trois enfants."

"L'attrition des accidents, des maladies, des guerres et autres a réglé tout cela. Votre intelligence a été née. Elle a disparu. Les enfants qui auraient dû naître ne l'ont jamais été. La majorité juste moyenne, ils s'entendront bien, a pris le relais. " La population. Le QI moyen est désormais de 45. "

"Mais c'est loin dans le futur—"

"Toi aussi," grogna amèrement l'homme au visage de faucon.

"Mais qui êtes - *vous* ?"

"Juste des gens, de vraies personnes. Il y a quelques générations, les généticiens ont finalement réalisé que personne n'allait prêter attention à ce qu'ils disaient, alors ils ont abandonné les paroles pour les actes. Plus précisément, ils ont formé et recruté pour une société fermée destinée à maintenir et améliorer la race. Nous sommes leurs descendants, environ trois millions d'entre nous. Il y a cinq milliards d'autres, nous sommes donc leurs esclaves.

"Au cours des deux dernières années , j'ai conçu un gratte-ciel, fait fonctionner l'hôpital Billings Memorial ici à Chicago, évité la guerre avec le Mexique et dirigé la circulation à LaGuardia Field à New York."

"Je ne comprends pas ! Pourquoi ne les laisses-tu pas aller en enfer à leur manière ?"

L'homme grimaça. "Nous l'avons essayé une fois pendant trois mois. Nous nous sommes enfermés au pôle Sud et avons attendu. Ils ne l'ont pas remarqué. Des gens de la salle de rédaction manquaient à l'appel, des infirmières en chef ne se sont pas présentées, des fonctionnaires mineurs en poste non- Le niveau politique était introuvable et cela ne semblait pas avoir d'importance.

"En une semaine, il y avait la faim. En deux semaines , il y avait la famine et la peste, en trois semaines la guerre et l'anarchie. Nous avons annulé l'expérience ; il nous a fallu la majeure partie de la génération suivante pour remettre les choses au clair."

"Mais pourquoi *ne* les as-tu pas laissés s'entre-tuer ?"

"Cinq milliards de cadavres, cela représente environ cinq cents millions de tonnes de chair en décomposition."

Barlow a eu une autre idée. "Pourquoi ne les stérilises-tu pas ?"

"Deux milliards et demi d'opérations, cela représente beaucoup d'opérations. Parce qu'elles se reproduisent continuellement, le travail ne serait jamais terminé."

"Je vois. Comme les Chinois en marche !"

"Qui diable sont-ils ?"

"C'était un... euh... paradoxe de mon époque. Quelqu'un a compris que si tous les Chinois du monde s'alignaient par quatre de front, je pense que c'était le cas, et commençaient à marcher au-delà d'un point donné, ils ne s'arrêteraient jamais à cause de les bébés qui naîtraient et grandiraient avant de franchir le cap. »

"C'est vrai. Seulement, au lieu de "un point donné", dites "le plus grand nombre imaginable de salles d'opération que nous pourrions construire et doter en personnel". Il ne pourrait jamais y en avoir assez. »

"Dire!" dit Barlow. "Ces films sur les bébés, c'était votre propagande ?"

"Ça l'était. Cela ne semble rien dire pour eux. Nous avons abandonné l'idée de tenter une propagande contraire à une pulsion biologique."

« Donc , si vous travaillez *avec* une motivation biologique… ? »

"Je n'en connais aucun qui soit compatible avec une inhibition de la fertilité."

Le visage de Barlow est devenu complètement vide, résultat d'années de discipline minutieuse. "Ce n'est pas le cas, hein ? Vous êtes de grands cerveaux et vous n'en pensez à aucun ?"

"Eh bien, non", dit innocemment le psychiste. "Peux-tu?"

"Cela dépend. J'ai vendu dix mille acres de toundra sibérienne - par l'intermédiaire d'une entreprise factice, bien sûr - après la partition de la Russie. Les acheteurs pensaient qu'ils obtenaient des terrains à bâtir améliorés dans la banlieue de Kiev. Je dirais que c'était beaucoup. plus difficile que ce travail.

"Comment ça?" » demanda l'homme au visage de faucon.

"C'étaient des clients normaux et suspects et ceux-là sont des crétins, des idiots nés. Il suffit de découvrir une arnaque dans laquelle ils vont tomber ; ils n'en sauront pas assez pour faire une vérification intelligente."

Le psychiste et l'homme au visage de faucon avaient également reçu une formation ; ils se retinrent de se regarder avec un soudain espoir.

"Vous semblez avoir quelque chose en tête", dit le psychiste.

Le visage impassible de Barlow devint encore plus vide. "Peut-être que oui. Je n'ai encore entendu aucune offre."

"C'est la satisfaction de savoir que vous avez empêché un tel pillage des ressources de la Terre", souligna l'homme au visage de faucon, "que la race va bientôt s'éteindre."

"Je ne le sais pas", a déclaré sans détour Barlow. "Tout ce que j'ai, c'est ta parole."

"Si vous avez vraiment une méthode, je ne pense pas que le prix soit trop élevé", a proposé le psychiste.

"L'argent", a déclaré Barlow.

"Tout ce que tu veux."

"Plus que tu ne veux," corrigea l'homme au visage de faucon.

"Prestige", a ajouté Barlow. "Beaucoup de publicité. Ma photo et mon nom dans les journaux et à la télévision tous les jours, des statues en mon honneur, des parcs, des villes, des rues et d'autres choses qui portent mon nom. Un chapitre entier dans les livres d'histoire."

Le psychiste fit un signe facial à l'homme au visage de faucon qui signifiait : « Oh, mon frère !

L'homme au visage de faucon répondit : « Détends-toi, mon garçon ! »

"Ce n'est pas trop demander", a reconnu le psychiste.

Barlow, sentant un marché favorable aux vendeurs, a déclaré : « Power ! »

"Pouvoir?" répéta l'homme au visage de faucon avec perplexité. "Votre propre centrale hydroélectrique ou pile nucléaire ?"

"Je veux dire une dictature mondiale avec moi comme dictateur !"

"Eh bien, maintenant..." dit le psychiste, mais l'homme au visage de faucon l'interrompit, "Il faudrait une loi d'urgence spéciale du Congrès mais la situation le justifie. Je pense que cela peut être garanti."

"Pourriez-vous nous donner quelques indications sur votre projet ?" » demanda le psychiste.

« Avez-vous déjà entendu parler des lemmings ?

"Non."

« Ce sont – c'étaient, je suppose, puisque vous n'en avez pas entendu parler – de petits animaux en Norvège, et toutes les quelques années, ils envahissaient la côte et nageaient vers la mer jusqu'à se noyer. Je pense mettre un peu d'envie de lemming. dans la population. »

"Comment?"

"Je garderai ça jusqu'à ce que j'obtienne les bonnes signatures pour l'accord."

L'homme au visage de faucon dit : « J'aimerais travailler avec vous là-dessus, Barlow. Je m'appelle Ryan- Ngana . Il tendit la main.

Barlow regarda attentivement la main, puis le visage de l'homme. "Ryan, quoi ?"

" Ngana ."

"Ça ressemble à un nom africain."

"C'est vrai. Le père de ma mère était un Watusi."

Barlow n'a pas pris la main. "Je pensais que tu avais l'air plutôt sombre. Je ne veux pas te blesser, mais je ne pense pas que je serais à mon meilleur en travaillant avec toi. Il doit y avoir quelqu'un d'autre tout aussi qualifié, j'en suis sûr. "

Le psychiste a fait un signe facial à Ryan- Ngana qui signifiait : « Repose- *toi* , mon garçon !

"Très bien", a déclaré Ryan- Ngana à Barlow. "Nous verrons quels arrangements peuvent être conclus."

"Ce n'est pas que j'ai des préjugés, tu comprends. Certains de mes meilleurs amis—"

"M. Barlow, n'y réfléchissez plus. Quiconque pourrait reprendre l'analogie avec le lemming nous sera utile."

Et c'est ce qu'il ferait, pensa Ryan- Ngana , seul dans le bureau après que Tinny-Peete ait emmené Barlow jusqu'à l'hélicoptère. Il le ferait donc . Poprob avait épuisé toutes les tentatives rationnelles et les nouvelles Poprobattacklines devraient être irrationnelles ou sous-rationnelles. Cette créature du passé, avec ses légendes sur les lemmings et ses terrains à bâtir améliorés, serait une source d'intérêts personnels vicieux et précieux.

Ryan- Ngana soupira et s'étira. Il a dû aller diriger le métro de San Francisco. Appelé très tôt du Pôle pour étudier Barlow, il avait laissé inachevé un joli petit théorème. Entre les interruptions, il construisait lentement une géométrie à n dimensions dont les fondations et la superstructure ne devaient aucune dette à l'intuition.

A l'étage, attendant un hélicoptère, Barlow expliquait à Tinny-Peete qu'il n'avait rien contre les Noirs, et Tinny-Peete aurait aimé avoir un peu de l'imperturbabilité et de l'humour de Ryan-Ngana pour cette épreuve.

L'hélicoptère les a emmenés à l'aéroport international où, a expliqué Tinny-Peete, Barlow partirait pour le pôle.

L'homme du passé n'était pas sûr d'apprécier une morne perte de glace et de froid.

"Tout va bien", dit le psychiste. "Un aménagement civilisé. Chaleureux, agréable. Vous pourrez y travailler plus efficacement. Toutes les infos à portée de main, une bonne secrétaire..."

"J'aurai besoin d'une équipe assez nombreuse", a déclaré Barlow, qui a appris de milliers de contrats à ne jamais accepter la première offre.

"Je voulais dire un plan privé et confidentiel", dit volontiers Tinny-Peete, "mais vous pouvez en avoir autant que vous le souhaitez. Vous aurez naturellement la priorité absolue si vous avez vraiment un plan réalisable."

"N'oublions pas cet aspect dictatorial", a déclaré Barlow.

Il ne savait pas que le psychiste lui aurait tout aussi bien promis une déification pour le mettre joyeusement sur la « fusée » du Polonais. Tinny-Peete n'avait aucune envie d'être déchiré membre par membre ; il savait très bien que cela finirait ainsi si la population apprenait de cet anachronisme qu'il existait une petite élite qui se considérait au-dessus des autres de la tête, des épaules, du tronc et de l'aine. Le fait que cette hypothèse soit parfaitement vraie et que l'élite soit condamnée par sa supériorité à une vie de labeur le plus épuisant ne serait pas pris en compte ; la différence serait.

Le psychiste a finalement mis Barlow à bord de la « fusée » avec une trentaine de personnes – de vraies personnes – en route vers le pôle.

Barlow a eu le mal de l'air tout le temps à cause d'une suggestion post-hypnotique que Tinny-Peete lui avait implantée. Une idée était de le rendre le plus réticent possible à un voyage de retour, et une autre idée était d'épargner les autres passagers de sa compagnie agressive et bavarde.

Barlow, lors de sa première journée au pôle, s'est souvenu de son premier jour dans l'armée. C'était pareil maintenant : où diable allons-nous- *vous mettre* ? affaires jusqu'à ce qu'il adopte une ligne ferme avec eux. Puis, au lieu d'agir comme des sergents ravitailleurs, ils se sont comportés comme des employés d'hôtel.

C'était une accumulation merveilleuse, merveilleusement calculée, et qu'il n'avait pas soupçonnée. Après tout, à son époque, un visiteur du passé aurait été adulé.

À la fin de la journée, il s'est allongé dans un logement souterrain confortable, avec les vents de 60 milles qui rugissaient au-dessus de sa tête, et a essayé de faire deux et deux ensemble.

C'était comme au bon vieux temps, pensa-t-il – comme un coup d'État dans l'immobilier où on avait la concurrence à la gorge, comme une augmentation de loyer de 50 pour cent quand on savait très bien que les locataires n'avaient pas de place pour déménager, comme sourire quand vous lisez au petit déjeuner avec du jus d'orange que la mairie avait décidé de construire une école sur le terrain que vous aviez acquis grâce à un accord avec la mairie. Et c'était simple. Il se contenterait de vendre des terrains à bâtir dans la toundra à des lemmings avides de suicide, et c'était absolument tout ce qu'il y avait à faire pour résoudre le problème qui faisait tourner ces doubles dômes.

Ils devraient bien sûr régler la plupart des détails, mais bon sang, c'était à cela que servaient les subordonnés. Il aurait besoin de spécialistes en publicité, en ingénierie, en communication – connaissaient-ils quelque chose à l'hypnose ? Cela pourrait être utile. Sinon, il faudrait beaucoup de pots-de-vin, mais il s'assurerait – bien sûr – qu'il y avait des fonds illimités.

Je vends juste des terrains à bâtir à des lemmings....

Il aurait souhaité, en s'endormant, que la pauvre Verna ait pu être impliquée dans tout ça. C'était son contrat le plus important et le plus formidable. Verna, cet escroc Sam Immerman a dû l'escroquer...

Cela a commencé le lendemain avec des gens venus lui rendre visite. Il connaissait l'approche. Ils voulaient simplement aider leur illustre visiteur du passé et les aiderait-il à parler de son époque, qui était malheureusement quelque peu obscure sur le plan historique, et que pensait-il pouvoir faire pour résoudre le problème ? Il leur a dit qu'il était trop vieux pour être encerclé à nouveau, et qu'ils n'obtiendraient aucune information de lui jusqu'à ce qu'il reçoive une lettre d'intention au moins du président polaire et qu'une session du Congrès polaire soit habilitée à faire de lui un dictateur. .

Il a reçu la lettre et la séance. Il a présenté son programme, on lui a demandé si sa conscience ne se révoltait pas devant son insensibilité, il a expliqué succinctement qu'un accord était un accord et que quiconque n'était pas assez intelligent pour se protéger ne méritait pas de protection - "Caveat emptor", a-t-il lancé. pour une bourse d'études, et a dû le traduire par « Que l'acheteur se méfie ». Il ne se souciait pas, disait-il, des crétins ou de leurs esclaves intelligents ; il leur avait dit son prix et c'était tout ce qui l'intéressait.

Le feraient-ils ou non ?

Le président polaire a proposé de démissionner en sa faveur, avec certains pouvoirs d'urgence temporaires que le Congrès polaire lui accorderait s'il les jugeait nécessaires. Barlow a exigé que le titre de dictateur mondial, le contrôle total des finances mondiales, le salaire soit décidé par lui-même, et que la campagne publicitaire et la rédaction historique commencent immédiatement.

"Quant aux pouvoirs d'urgence", a-t-il ajouté, "ils ne doivent être ni temporaires ni limités".

Quelqu'un voulait prendre la parole pour discuter de la question, avec l'espoir déclaré que Barlow modifierait peut-être ses exigences.

"Vous avez la proposition", a déclaré Barlow. "Je ne perds même pas dix pour cent."

"Mais que se passera-t-il si le Congrès refuse, monsieur ?" » a demandé le président.

"Alors vous pouvez rester ici au Pôle et essayer de trouver une solution vous-mêmes. J'obtiendrai ce que je veux des crétins. Un opérateur astucieux comme moi n'a pas à faire de compromis ; je n'ai pas un seul concurrent dans toute cette époque idiote et ridicule.

Le Congrès a renoncé au débat et a voté à main levée. Barlow a gagné à l'unanimité.

"Vous ne savez pas à quel point vous avez failli me perdre", a-t-il déclaré lors de son premier discours officiel devant les Chambres communes. "Je ne suis pas du genre à marchander ; soit j'obtiens ce que je demande, soit j'irai ailleurs. La première chose que je veux, c'est voir les plans d'un nouveau palais pour moi - rien *de moins* ostentatoire non plus - et vos meilleurs peintres et sculpteurs pour commencez à travailler sur mes portraits et mes statues. En attendant, je vais rassembler mon équipe.

Il a congédié le Président polaire et le Congrès polaire, leur disant qu'il leur ferait savoir quand aurait lieu la prochaine réunion.

Une semaine plus tard, le programme démarrait avec l'Amérique du Nord comme première cible.

Mme Garvy se reposait après le dîner avant l'épreuve d'allumer le lave-vaisselle. La télé, bien sûr, était allumée et elle disait : « Oooh ! » – long, frissonnant et extatique, le signal du spot publicitaire *de Parfum Assault Criminale* . "Les filles", dit l'annonceur d'une voix rauque, "voulez-vous votre homme ? C'est facile de l'avoir, aussi simple qu'un voyage sur Vénus."

"Hein?" dit Mme Garvy .

« Qu'est-ce que c'est ? » renifla son mari en sortant de son sommeil.

"J'ai entendu ça ?"

" Quoi ?"

"Il a dit 'facile comme un voyage à Vénus'."

"Donc?"

"Eh bien, je pensais que tu ne pouvais pas aller sur Vénus. Je pensais qu'ils avaient juste cette fusée qui s'était écrasée sur la Lune."

"Aah, les femmes ne suivent pas l'actualité", dit Garvy avec droiture, se calmant à nouveau.

"Oh," dit sa femme avec incertitude.

Et le lendemain, dans *Henry's Other Mistress* , un nouveau personnage venait d'arriver : Buzz Rentshaw , maître pilote de fusée de la course Venus. Sur *Henry's Other Mistress* , "le drame diffusé sur vous et vos voisins, des gens *folkloriques* , des gens *ordinaires* , *de vraies* personnes" ! Mme Garvy écoutait avec étonnement autour d'une tasse de café rafraîchissante pendant que Buzz se débarrassait de ses convictions floues.

MONA : Chérie, c'est si bon de te revoir !

BUZZ : Tu ne sais pas à quel point tu m'as manqué lors de cette morne course sur Vénus.

SON : *Store vénitien en panne, clé tournée dans la serrure de la porte.*

MONA : Était-ce *très* ennuyeux, ma chérie ?

BUZZ : Ne parlons pas de mon travail banal, chérie. Parlons de nous.

SON : *Lit qui craque.*

Eh bien, le programme était enfin revenu à la normale. Ce soir-là, Mme Garvy a essayé de demander à nouveau si son mari était sûr de ces fusées, mais il somnolait pendant *Take It and Stick It*, alors elle a regardé l'écran et a oublié le puzzle.

Elle était encore en train de rire à cause de la phrase du gag : "L'achèteriez-vous pour un quart ?" Lorsque la publicité pour le détergent en poudre était diffusée, elle remplissait toujours fidèlement son lave-vaisselle le premier de chaque mois.

L'annonceur a montré des montagnes de mousse provenant d'un petit morceau de matière et a ajouté timidement : "Bien sûr, Cleano ne traîne pas

pour que vous le ramassiez comme la racine de savon sur Vénus, mais c'est
assez bon marché et c'est presque aussi proche que bien. Donc pour nous,
les gens simples qui n'avons pas la chance de vivre là-haut sur Vénus, Cleano
est le vrai truc de nettoyage !"

Puis le refrain est entré dans leur jingle " Cleano -is-the-stuff ", mais Mme
Garvy ne l'a pas entendu. C'était une femme têtue, mais elle se rendit compte
qu'elle était effectivement très malade. Elle ne voulait pas inquiéter son mari.
Le lendemain, elle a tranquillement pris rendez-vous avec sa famille Freud .

Dans la salle d'attente, elle prit un nouvel exemplaire du *Readers Pablum* et le
posa avec une légère palpitation. L'article principal, selon la table des matières
sur la couverture, était intitulé "Le Vénusien le plus mémorable que j'ai jamais
rencontré".

"Le Freud va vous voir maintenant", dit l'infirmière, et Mme Garvy entra
dans son bureau en chancelant.

Ses lunettes et moustaches traditionnelles étaient rassurantes. Elle étouffe le
rituel : « Freud, pardonne-moi, j'ai des névroses.

Il scanda l'antienne : « Eh bien, ma chère fille, quel est donc ton problème ?

"J'ai eu comme un trou dans la tête", chevrota-t-elle. "J'ai l'impression
d'oublier toutes sortes de choses. Des choses que tout le monde semble
savoir et moi pas."

"Eh bien, cela arrive à tout le monde de temps en temps, ma chère. Je suggère
des vacances sur Vénus."

Le freud regardait, bouche bée, la chaise vide. Son infirmière entra et lui
demanda : "Hé, tu vois comme elle s'est démenée ? Qu'est-ce qu'elle avait *?*
"

Il ôta ses lunettes et ses moustaches d'un air méditatif. "Vous pouvez me
fouiller. Je lui ai dit qu'elle devrait peut-être essayer des vacances sur Vénus."
Un moment de perplexité lui apparut au visage et il fouilla dans les tiroirs de
son bureau jusqu'à ce qu'il trouve un exemplaire du journal en quadrichromie
abondamment illustré de sa profession. Il était arrivé ce matin-là et il l'avait
lu sur les lèvres, tout en regardant surtout les images. Il a feuilleté l'article
Avantages de la planète Vénus dans les cures de repos .

"C'est juste là", dit-il.

L'infirmière a regardé. "C'est sûr," acquiesça-t-elle. "Pourquoi ça ne devrait
pas l'être ?"

"Le problème avec ces névrosés ici", a décidé Freud , "c'est qu'ils doivent
toujours lutter contre la réalité. Montrez-le dans le prochain tic."

Il remit ses lunettes et ses moustaches et oublia Mme Garvy et son comportement étrange.

"Freud, pardonne-moi, car j'ai des névroses."

"Mais, ma chère fille, quel est le problème ?"

Comme beaucoup de guérisons de troubles mentaux, celle de Mme Garvy a été obtenue en grande partie grâce à l'auto-traitement. Elle s'est sévèrement disciplinée, s'éloignant de l'idée folle qu'il n'y avait eu qu'une seule fusée et que celle-là était un échec. Elle pourrait éventuellement se joindre sans grimacer à n'importe quelle conversation sur l'opportunité de Vénus comme lieu de retraite, sur sa fabuleuse profusion florale. Finalement, elle se rendit sur Vénus.

Tous ses amis essayaient de réserver un billet auprès de l'Evening Star Travel and Real Estate Corporation, mais naturellement la demande était écrasante. Elle s'estimait chanceuse d'avoir enfin une place pour la croisière d'été de deux semaines. Le vaisseau spatial a décollé d'un endroit appelé Los Alamos, au Nouveau-Mexique. Il ressemblait à tous les vaisseaux spatiaux à la télévision et dans les magazines d'images, mais il était plus confortable que ce à quoi on pourrait s'attendre.

Mme Garvy était ravie de la cinquantaine de compagnons de voyage rassemblés avant le décollage. Ils venaient de tout le pays et elle avait la nette impression qu'ils étaient plutôt intelligents. Le capitaine, un grand individu impressionnant au visage de faucon nommé Ryan-Something ou autre, les accueillit à bord et espérait que leur voyage serait mémorable. Il a regretté qu'il n'y ait rien à voir car, "à cause de la saison des météorites", les ports seraient encombrés. C'était décevant, mais rassurant, que la ligne ne prenne aucun risque.

Il y a eu l'inconfort momentané attendu au décollage, puis deux jours monotones de voyage bourdonnant à travers l'espace, à passer dans le salon aux cartes ou au craps. L'atterrissage était une routine et les voyageurs recevaient des comprimés à avaler pour les immuniser contre toute maladie mineure. Lorsque les comprimés prirent effet, la serrure fut ouverte et Vénus leur appartenait.

Cela ressemblait beaucoup à une île tropicale sur Terre, à l'exception d'une couverture de nuages au-dessus. Mais il avait une qualité enivrante, surnaturelle, enivrante et glamour.

Les dix jours de vacances étaient imprégnés d'une magie brumeuse. La racine de savon, comme annoncé, était gratuite et savonneuse. Les fruits, pour la plupart des variétés tropicales transplantées de la Terre, étaient délicieux. Les abris simples fournis par l'agence de voyage étaient plus que suffisants pour les journées et les nuits douces.

C'est avec un sincère regret que les voyageurs sont retournés à bord du navire et ont avalé d'autres comprimés distribués pour contrecarrer et stériliser toutes les maladies de Vénus qu'ils pourraient involontairement communiquer à la Terre.

Prendre des vacances était une chose. La politique de puissance en était une autre.

Au Pôle, un petit homme se trouvait dans une pièce insonorisée, le visage mortellement pâle et le corps mou sur une chaise droite.

Dans la salle du Sénat américain, le sénateur Hull-Mendoza (Synd., N. Cal.) déclarait : « Monsieur le Président et messieurs, je manquerais à mon devoir de législateur si je ne portais pas à l'attention de l'au-guste corps, je vois ici une situation périlleuse qui est pleine de périls. Comme le savent bien les membres de cet au-guste corps, la perfection du vol spatial a entraîné avec elle une situation que je ne peux que décrire comme pleine de périls. . Monsieur le Président et messieurs, maintenant que de rapides fusées américaines traversent désormais le vide spatial sans trace entre cette planète et notre plus proche voisin planétaire dans l'espace - et, messieurs, je fais référence à Vénus, l'étoile de l'aube, le joyau le plus brillant du beau Vulcain. diadôme — maintenant, dis-je, je veux savoir quelles mesures sont prises pour coloniser Vénus avec une avant-garde de citoyens patriotes comme ces minutemen d'autrefois.

"Monsieur le Président et messieurs ! Il y a dans ce monde des nations, des nations envieuses - je ne nomme pas le Mexique - qui, par des moyens justes ou déloyaux, pourraient chercher à arracher à l'emprise de la Colombie le flambeau de la liberté de l'espace ; des nations dont le faible niveau de vie et la nature innée la dépravation leur donne un avantage injuste sur les citoyens de notre juste république.

"Voici mon programme : je suggère qu'une ville de plus de 100 000 habitants soit choisie par tirage au sort. Les citoyens de la ville chanceuse doivent se voir attribuer des terres de choix sur Vénus, libres et claires, qu'ils pourront posséder et transmettre à leurs descendants. Et le gouvernement national fournira à ces citoyens un transport gratuit vers Vénus. Et ce programme se poursuivra, ville par ville, jusqu'à ce qu'une avant-garde suffisante de citoyens ait été déposée sur Vénus pour protéger nos droits manifestes sur cette planète.

"Des objections seront soulevées, car les critiques sévères que nous avons toujours avec nous. Ils diront qu'il n'y a pas assez d'acier. Ils diront que c'est un cadeau bon marché. Je dis qu'il y a *assez* d'acier pour que la population d'*une* ville soit transférée sur Vénus, et C'est tout ce qu'il faut. Car lorsque viendra le temps de transférer la deuxième ville, la première ville vidée pourra être détruite pour obtenir l'acier nécessaire ! Et est-ce un cadeau ? Oui ! C'est le cadeau le plus glorieux de l'histoire. de l'humanité ! Monsieur le Président et messieurs, il n'y a pas de temps à perdre : Vénus doit être américaine !"

Black- Kupperman , au Pôle, ouvrit les yeux et dit faiblement : « Le style était un peu inégal. Pensez-vous que quelqu'un le remarquera ?

"Tu as bien fait, mon garçon; très bien," le rassura Barlow.

Le projet de loi de Hull-Mendoza est devenu loi.

Les machines à dessiner au pôle Sud fonctionnaient 24 heures sur 24 et les aciéries de Pittsburgh déversaient des millions de plaques dans le port spatial de Los Alamos de l'Evening Star Travel and Real Estate Corporation. Ce devait être Los Angeles, pour des raisons de logistique, et les trois psychocinéticiens les plus accomplis se rendirent à Washington et se mêlèrent à la foule lors du dessin pour s'assurer que la capsule de Los Angeles glissait entre les doigts du sénateur aux yeux bandés.

Los Angeles a adoré l'idée et une forêt de vaisseaux spatiaux a commencé à fleurir dans le désert. Ce n'étaient pas de très bons vaisseaux spatiaux, mais ce n'était pas obligatoire.

Une équipe du Pôle a travaillé sous la direction de Barlow sur une configuration de messagerie. Il faudrait des lettres à destination et en provenance de Vénus pour empêcher le moindre soupçon de soupçon de surgir. Heureusement, Barlow se souvenait que le problème avait déjà été résolu une fois : par Hitler. Les proches des personnes incinérées dans les fourneaux de Lublin ou de Majdanek ont continué à recevoir de joyeuses cartes postales.

Le vol de Los Angeles a décollé comme prévu, bénéficiant d'une formidable couverture médiatique, cinématographique et télévisée. Le monde a acclamé les vaillants Angelenos qui partaient pour leur voyage patriotique au pays du lait et du miel. La forêt de vaisseaux spatiaux s'élevait sans cesse et hors de vue sans incident fâcheux. Des milliards de personnes enviaient les Angelenos, même s'ils étaient à l'étroit et avec peu de rations.

Les dépanneurs de San Francisco, dont la capsule arrivait en deuxième position, se rendirent immédiatement dans la cité des anges pour récupérer la ferraille dont leur propre vol aurait besoin. Les électeurs du sénateur Hull-Mendoza ne pouvaient pas faire moins.

Le président du Mexique, hypnotiquement alarmé par cette extension de *l'impérialisme yanqui* au-delà de la stratosphère, a lancé son propre programme de colonies de Vénus.

De l'autre côté de l'eau, c'était l'Angleterre contre l'Irlande, la France contre l'Allemagne, la Chine contre la Russie, l'Inde contre l'Indonésie. Les haines anciennes se sont transformées en flammes qui étaient des fusées attaquant l'air par centaines chaque jour.

> Cher Ed, comment vas-tu ? Sam et moi allons bien et j'espère que tu vas bien. Est-ce que c'est agréable là- haut comme on dit avec de la nourriture et des arbres proches des arbres ? Je suis passé par Springfield hier et c'était vraiment drôle tous les bâtiments en panne, mais en gros , cela en vaut la peine, nous devons garder les graisseurs à leur place. Avez-vous des problèmes avec eux sur Vénus ? Écrivez-moi un jour. Ta sœur bien-aimée, Alma.

> Chère Alma, je vais bien et j'espère que tu vas bien. C'est un bel endroit ici, un climat agréable et une vie facile. Le médecin m'a dit aujourd'hui que j'avais l'air d'avoir dix ans de moins. Il pense qu'il y a quelque chose dans l'air ici qui maintient les gens jeunes. Nous n'avons pas beaucoup de problèmes avec les graisseurs ici, qu'ils gardent pour eux , il s'agit simplement de les surpasser en nombre et de surveiller les meilleurs endroits pour les Américains. À South Bay, je connais une jolie petite île que j'ai gardée pour toi et Sam, avec beaucoup d'arbres et de buissons à jambon. J'espère vous voir bientôt, vous et Sam, votre frère bien-aimé, Ed.

Sam et Alma étaient en route sous peu.

Poprob a reçu un dividende dans chaque nation après que l'émigration ait dépassé la moitié du chemin. Les personnes seules au foyer ne supportaient pas la mélancolie d'une faible densité de population ; leur conditionnement s'était porté sur des essaims de leurs proches. Après ce moment, il était possible d'imposer les logements les plus rudimentaires aux candidats à l'émigration ; ils s'en fichaient.

Black- Kupperman a effectué un dernier travail sur le président Hull-Mendoza, le dernier travail que le génie des hypnotiques aurait jamais fait sur un crétin, important ou autre.

Hull-Mendoza, affolé par sa présidence alors que le pays se vide, rejoint ses électeurs. L' *Independence* , à bord duquel voyageait le gouvernement national américain, était le plus élaboré de tous les vaisseaux spatiaux : plus grand, plus confortable, avec un salon beau, quoique exigu, et des vestiaires pour les sénateurs et les représentants. Il est cependant allé au même endroit que les autres et Black- Kupperman s'est suicidé, laissant une note disant qu'il "ne pouvait pas vivre avec ma conscience".

Le lendemain du départ du président américain, Barlow est entré en colère. Sur son bureau spécialement construit étaient censés circuler tous les documents Poprob de haut niveau et cette chose – cette chose scandaleuse – appelée *terme* Poprob était apparemment entrée dans la phase exécutive avant même qu'il n'en ait un aperçu !

Il appela Rogge-Smith, son statisticien. Rogge-Smith semblait être au fond des choses. Poprobterm semblait concerner les dérivées première, deuxième et troisième, quelles qu'elles soient. Barlow se méfiait profondément de tout ce qui était plus complexe que ce qu'il appelait une « moyenne ».

Alors que Rogge-Smith était toujours à la porte, Barlow lança : "Qu'est-ce que cela signifie ? Pourquoi n'ai-je pas été consulté ? Où en êtes-vous et pourquoi avez-vous travaillé sur quelque chose que je n'ai pas autorisé ?"

"Je ne voulais pas vous déranger, chef", a déclaré Rogge-Smith. "C'était vraiment une question technique, une sorte de nettoyage final. Vous voulez venir voir le travail ?"

Apaisé, Barlow suivit son statisticien dans le couloir.

"Tu n'aurais quand même pas dû continuer sans mon accord," grommela-t-il. "Où diable seriez-vous sans moi ?"

"C'est vrai, chef. Nous n'aurions pas pu le faire nous-mêmes ; notre esprit ne fonctionne tout simplement pas de cette façon. Et tout ce que vous saviez d'Hitler, cela ne nous serait pas venu à l'esprit. Comme le pauvre Black-Kupperman ."

Ils se trouvaient dans un atelier d'usinage de taille moyenne, au bout d'une légère pente ascendante. C'était froid. Rogge-Smith appuya sur un bouton qui démarra un moteur et un flot de lumière arctique se déversa tandis que le toit s'ouvrait lentement. Il montrait un petit vaisseau spatial avec la porte ouverte.

Barlow resta bouche bée lorsque Rogge-Smith le prit par le coude et que ses autres garçons apparurent : Swenson-Swenson, l'ingénieur ; Tsutsugimushi -Duncan, son homme aux propulseurs ; Kalb-français, publicité.

"Allez, chef", dit Tsutsugimushi -Duncan. "C'est Poprobterm ."

"Mais je suis le dictateur du monde !"

"Vous pariez, chef. Vous entrerez dans l'histoire, d'accord, mais c'est nécessaire, j'en ai peur."

La porte était fermée. L'accélération projeta cruellement Barlow contre le sol métallique. Quelque chose se brisa et une substance chaude et humide, au goût salé, coula de sa bouche à son menton. La lumière du soleil arctique traversant un port devint soudain une lancette féroce lui transperçant les yeux ; il était hors de l'atmosphère.

Allongé tordu et brisé sous l'accélération, Barlow se rendit compte que certaines choses n'avaient pas changé, que Jack Ketch n'avait jamais été invité à dîner, quel que soit le montant de shillings que vous lui aviez payé pour faire votre sale boulot, que le meurtre serait avéré, que le crime ne payait que temporairement.

La dernière chose qu'il a apprise, c'est que la mort est la fin de la douleur.